VÆVEDE OG HÆKLEDE TÆPPER

af

Fasters Korthus 3

Din nye bog om, at være kreativ...

- væve og hækle tæpper.

Skrevet af

Dorte Susanne Jessie Sørensen

Forord

Der er noget helt specielt ved, at lave sit eget kludetæppe om det er hæklet eller vævet.

Jeg viser i denne bog, fotos til din inspiration.

I bogen er der et bredt udvalg af billeder og jeg fortæller lidt om de materialer jeg bruger.

I både tekst og billeder er denne bog til dig, der kun vil have lidt inspiration, ingen lange og indviklede brugsanvisninger. Du får også lidt historien om vævningens og hæklingens opståen.

Du vil finde denne bog nem og overskuelig...

© 2021 – Dorte Susanne Jessie Sørensen

Forlag: BoD – Books on Demand, Hellerup, Danmark

Fremstilling: BoD – Books on Demand, Norderstedt, Tyskland

ISBN: 9788743034513

Jeg har en blog på nettet, hvis du har lyst at kikke forbi:

Fasters korthus

Aunties house of cards

http://fasterskorthus.blogspot.com/

http://fasterskorthus.blogspot.com/

Jeg ønsker dig rigtig god kreativ lyst - held og lykke med dit projekt.

Denne bog er en fortsættelse af bøger om at være kreativ:

Fasters Korthus - Din nye bog om,

at være kreativ og lave anledningskort

Fasters Korthus 2 - Din nye bog om,

at være kreativ og lave Decoupage

Inden du går igang...

Inden du går i gang, skal der forberedelse til. Du skal i skuffer og skabe. Måske du skal ud i en genbrug for at finde materialer. Du skal nemlig bruge masser af stof. Om det er lagner, dynebetræk eller gamle T-shirts er dit valg. Jeg fandt sengetøj nemmest. Det kan nemlig rives i lange baner. Hvis du vil hækle et kludetæppe skal du tænke på, at store hæklenåle skal indkøbes. Jeg bruger hæklenål nr. 10 og nr. 12, og jeg har dem med grib håndtag og dem i træ. Prøv dig frem, hvad føles bedst ....

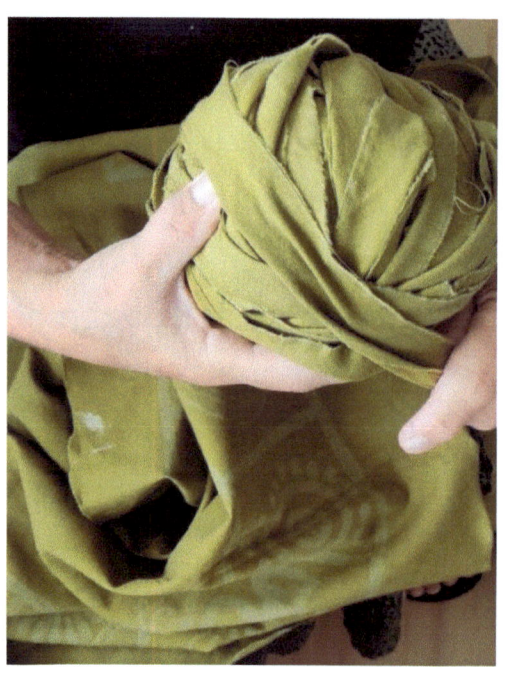

Klip, riv, klip ved hjørnerne, så det bliver en lang strimmel. Rul det hele op til bolde, størrelse efter eget valg. Du kan altid klippe af og rulle op igen, hvis du vil skifte farve. Jeg bruger iøvrigt altid kun bomulds stoffer. Husk på at hvis der er dyr, eller andre billeder på sengetøjet, måske fra gammelt børnesengetøj, kommer det ikke til at kunne ses, det er kun farve nuancerne du ser når du hækler og væver. Så valget på farve må af gode grunde falde på de nuancer du ønsker for dit tæppe. F.eks. vil du have et gråt tæppe så vælg grå nuancer i dit stof valg, hvis der f.eks. er biler på, får tæppet en fin nistrede farve der hvor bilerne er på rækken af den revet strimmel. Gule biler ! gule nister.

-det er så hyggeligt at hækle kludetæpper, det er en gammel tradition. I gamle dage lavede man mange tæpper til de kolde huse man boede i. Intet gik til spilde i familiens hushold.

Historien om 'trasmattan' - det svenske kludetæppe.

Som har ligget på gulve i torp og på herregårde, i køkkener og i de fine stuer overalt i Sverige. Gamle kludetæpper blev lavet af de klude og det stof som var tilgængeligt, og kunsten at væve gik i arv fra mor til datter.

Overalt på landet i Sverige kunne man støde på kludehandlere, som rejste rundt til hjemmene for at købe aflagte tekstiler, som de igen solgte videre til papirindustrien, og som blev anvendt i produktionen af papir.

Men i midten af 1800-tallet forandredes produktionsprocessen på papirfabrikkerne. Træmasse blev den moderne råvare til papirproduktion, og efterspørgslen efter tekstilmasse mindskedes.

Kludetæppets historie startede i 1800 tallet.

Den begyndte *ikke* i de små torp og på bondegårdene, men på herregårde, slotte og i fornemmere hjem. Der havde man store sale og og rum, som blev møbleret specielt til højtider, helligdage og gæster. Kludetæpper blev statussymboler. Efterhånden bredte moden med kludetæpper sig.

Den forbedrede levestandard i anden halvdel af 1800-tallet indebar at et-rum huset ofte udvidedes med et rum, som man ikke behøvede at anvende til hverdag, et "finrum". Der blev trasmattan/kludetæppet, en prydgenstand, selv i enklere hjem. I boopgørelser begynder man at kunne finde trasmattor blandt de ting, folk efterlod, når de døde.

I 1880-erne var kludetæpper efterhånden blevet almindelige i alle hjem på landet. Om vinteren beskyttede kludetæpperne mod træk på gulvet. Helst skulle der ligge flere ved siden af hinanden med bare et lille mellemrum imellem. Så kunne rengøringen også minimeres, idet man nøjedes med at skure omkring og mellem tæpperne.

I dag har få sikkert et kludetæppe, som mormor eller bedstemor hæklede/vævede. Vores gamle aflagte tøj bliver som oftest kasseret. Der er klart minder i et tæppe lavet i gammel tid. Tæpperne kan vaskes og holder i en evighed. Det kludetæppe du måske har under din stol kan være fra den tid, hvis du er heldig, så pas godt på det.

En ægte trasmatta er et unikt produkt - ikke to trasmattor/tæpper er ens!

Hjemmevæven var ikke så stor i gamle dage og derfor ses kludetæpper ofte at være smalle mellem 50-100 cm. i bredden. Længden derimod kunne laves som behovet var, derfor er kludetæpper ofte løbere. Kludetæppet er vendbart.

I dag vil vi gerne recycle og genbruge. Vi er blevet mere bevidste om den verden vi lever i. De gamle svenske kludetæppe, vi kender så godt? de er i høj kurs og ikke uden grund, nu kan du lave dit eget, nyde processen og måske forærer det til dit barnebarn, hun/han vil elske det.

Kludetæppet er på alle måder et skønt produkt med en helt særlig historie. En historie som går langt tilbage og tæpperne passer smukt ind i både hjem og sommerhus, det giver hyggelig atmosfære.

Det griser en del, det støver når du river og det fylder i hele huset, det tager tid at lave, men det er super hyggeligt og børnene kan være med i hele processen.

En rund måtte til badeværelset eller køkken.

Du starter selvfølgelig med at rive, rive, rive, ja det tager tid, men hyggeligt..

Bagefter samler du strimlerne 3 og 3 og begynder at flette dem sammen.

Jeg satte starten/enderne fast over en skrue i mit gamle bord.

Når fletningen var lang nok, satte jeg en klemme... Jeg flettede flere og nu kunne jeg begynde at sy.

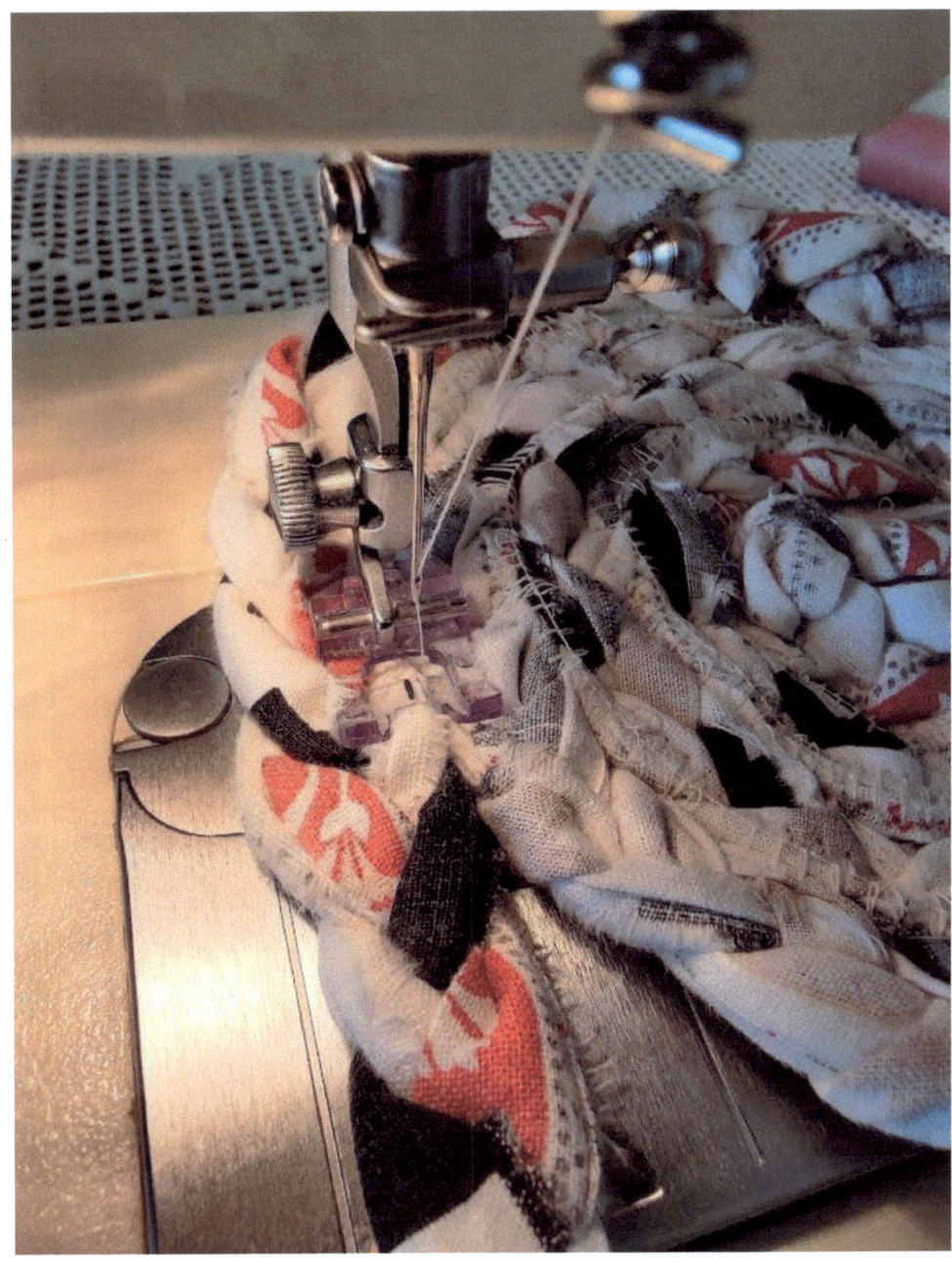

Rundt og rundt og rundt, ZIG ZAG, det er vigtigt at sætte symaskinen på stor zig zag. Du kan også sy det hele samme i hånden med en stor nål.

Sørg for ikke at stramme, når du syr rundt, så kan det færdige resultat hurtigt bøje opad.

Når din måtte er stor nok afslutter du den. Du kan presse måtten med et strygejern for at få den helt flad. Så sætter du evt. et stykke glidemåtte bag på med få sting. Vær opmærksom på at, kludetæpper glider let når man går på dem.

Om du vil vaske dem derefter bestemmer du, jeg vasker dem senere...

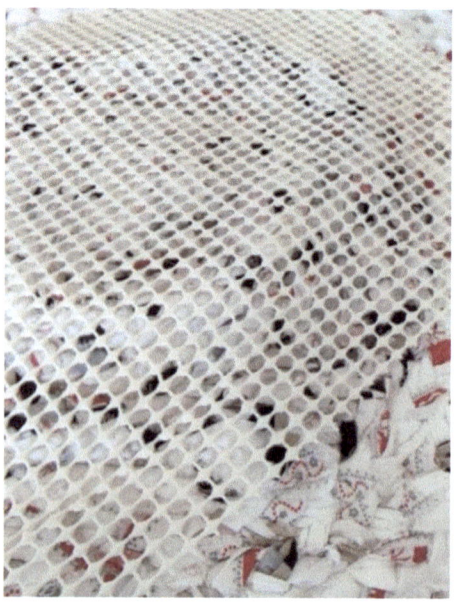

Vævningens historie

går mindst 9000 år tilbage med de ældste fund fra Lilleasien og Israel. Fund af vævevægte på fx bronzealderbopladser tyder på brug af væve allerede dengang. Et par eksempler er udgravet på Bornholm i Østersøen, en boplads fra ca. 2000 f.Kr. Vævning er opfundet i stenalderen, og processen er ikke ændret i væsentligt omfang. Vævning startes ved oplægning af trend; et antal tråde svarende til ønsket tæthed og bredde udmåles

Du vil måske VÆVE i stedet for, at hækle! ...så skal du i byen og indkøbe lidt træ og 2 tynde jernstænger. OBS på dette tæppe bruge jeg IKKE stængerne..men de er med til at holde tæppe lige i vævningen hele vejen op, når man slå stoffet omkring dem...

En væv består i sin enkleste form af en firkantet ramme af stolper og pinde, der enten kan placeres lodret eller vandret, hvortil trendtrådene er fastgjort.

Du nemt kan lære at væve på en hjemmelavet væv af, f.eks grene fra naturen eller pap fra en papkasse. Du skal bare holde afstand imellem snorene du sætter på.

Du kan bruge mange forskellige typer garn eller stof strimler.

Det er ret nemt at lave en væv. 4 træpinde af en brede der passer dig, nogle øskner til jernstængerne og skruer til at sætte det hele sammen. Du kan også vælge at sætte skruer hele vejen over på øverste og nederste pind. Der kan du så sno din strimmel omkring. Jeg har valgt at sno omkring hele pinden denne gang. Se på foto.

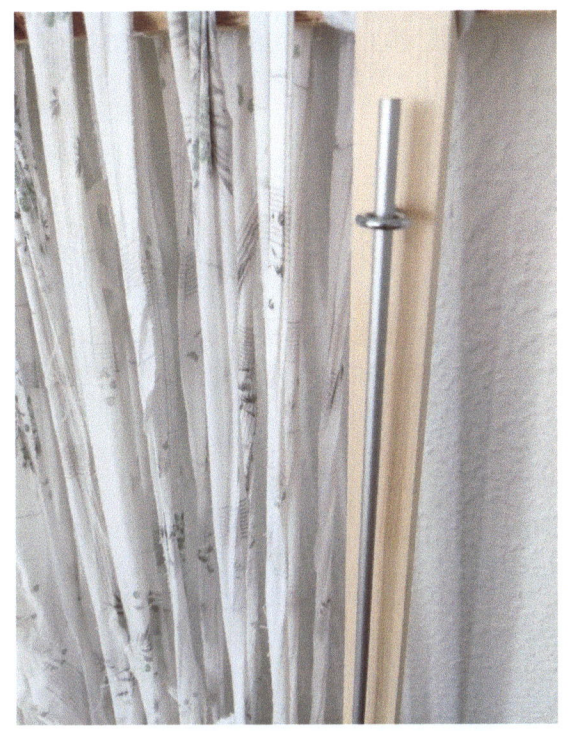

Forberedelse er godt, riv de farver du vil bruge, rul op og så kan du gå i gang med dit tæppe, måtte.

Vær opmærksom på at, det er en god ide, at bruge en pind til at presse stoffet godt ned, efter hver omgang. (se foto)

Hiv evt. lidt op i væv opbindingen samtidig med, at du presser det stof ned du har kørt igennem..

I vævning, bruges gerne flere ting: gobelin pinde, gobelin gaffel, nogle bruger billede vævnings ramme. Jeg bruger oftest at lave mine rammer selv.

- Jeg holder meget af, at lave frynser på mine vægtæpper...

Vævning er en skøn ting at sidde med...

 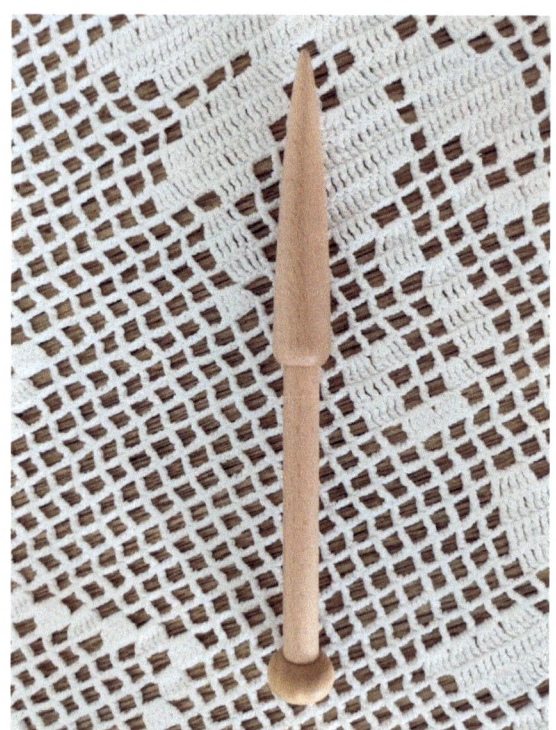

Vævebilleder jeg har vævet på billedramme og vævepind jeg har brugt, man kan sno garnet omkring den. De kan købes i flere størrelser.

Vævning på væveramme er let. Navnet rammevæv er du sikkert løbet ind i, men den er meget større. Væverammen måler blot 45x32x6 cm og er en man kan tage med sig over alt. Væverammen er nem at gøre klar til selve vævningen, og den er fyldt med muligheder. Alle garner kan anvendes i vævningen. Alternativt kan materialer som stofstrimler, bånd, læder også bruges, alt efter ønske. Vævning på væveramme er en skøn beskæftigelse.

Væveprocessen kan sammenlignes med at tegne. Vævenålen og garnerne er dine farveblyanter og papir.

Billedvævning, også kaldet gobelinvæveri, har fået en renæssance de seneste år.

Forskellige garners struktur og frynser i bunden giver dit billede en flot finish.

Brug en kam eller en gaffel til at "klappe" garnet på plads, når du væver. Pas på ikke at stramme garnet når du fører det igennem, så bliver dit billede skævt ude i kanterne.

Herunder kan du selv skrive lidt notater:

Hækling og dets historie...

Hækling dukkede først op i Europa i det 19. århundrede. Hækling var kendt under begrebet "hyrdestrik eller enkelt strik"

Der blev set lidt ned på denne nye form for håndarbejde set i relation til de finere og udsøgte blondestrik. Der skulle dog royalt blod til at ændre denne opfattelse, for det blev den engelske dronning Victoria som ændrede synet på hækling. På en af hendes rejser, købte hun nemlig et håndarbejde – lavet i et hæklet hulmønster af fattige irske kvinder som havde brug for at tjene penge til at brødføde deres familie.

Da Victoria´s regeringsperiode stoppede, var hækling blevet et udbredt håndarbejde som blev udført i mange hjem. Kreativiteten var stor og der blev hæklet mange spændende kreationer. Op gennem 1920 og 30'erne, udviklede hæklingen sig fra at være dekorative genstande til at danne grundlag for garderoben og hele beklædnings-stykker. Med en hæklenål og garn blev der kreeret unikke ting, lige fra aftenkjoler og brudekjoler til hatte, bukser og sokker. Fantasien og teknikkerne havde frie tøjler, og resulterede i spændende og fantastiske hæklede stykker som blev mere avancerede med tiden.

I 1940'erne kom krigstiden, og hæklingen fik en betydningsfuld rolle for de amerikanske og britiske kvinders støtte, til de to landes soldater i krig. Kvinderne hæklede blandt andet brugsgenstande. Hæklede lapper blev blandt andet brugt til at lappe de huller som naturligt opstod efter krigens slitage på uniformerne. I efterkrigstidens 50'ere, fik hæklingen endnu en opblomstring og blev til et modefænomen. I 1960'erne og 70'erne boomede hæklingen for alvor. Hæklede beklædningsgenstande blev en stor del af den daglige garderobe. I dag 2021, er et uldent og varmt hæklet tæppe i granny squares helt perfekt på en kold vinterdag i sofaen.

Tæppe på vej i stor bedstemor firkant...

Skønt hæklede tæppe i Bedstemor stil, på tur i skoven...

De forskellige slags masker i hækling hedder bl.a. fastmasker, stangmasker og luftmasker.

Når man lærer brugen af disse masker ligger udfordringen i at eksperimentere med de forskellige slags masker og danne et mønster.

Der findes mange former for hækling: "irske hækling",Tunesisk hækling, "tamburering", hvor man har "hæklet" kædesting ned i et fast materiale, som dekoration. Herfra er man begyndt at hækle uden stoffet, det meget af det vi ser i dag.

Hækling, betyder 'lille krog'. Kroge kan laves af forskellige materialer, såsom metal, træ, bambus eller plast.

Lækker lang løber...

En dejlig lang løber i pastelfarver...vær opmærksom på at når den hækles kan den aldrig blive helt lige i kanterne, hvis du ønsker dette skal du bruge en væv. I min optik er det en charme at tæppet buer lidt, men prøv alligevel at løsne og stramme så tilpas når du hækler at du kan styrer det. Forskellige stoffer kan give forskellige tykkelser og formerne kan varierer.

Jeg vil ønske dig alt mulig held og lykke med dine kludetæppe projekter.

-en skøn hæklet måtte...at nyde tilsidst.